LE MZAB

ET

SON ANNEXION

A LA FRANCE

PAR

Le Commandant ROBIN

CHEF DU BUREAU ARABE DIVISIONNAIRE D'ALGER

ALGER

ADOLPHE JOURDAN, LIBRAIRE-ÉDITEUR

IMPRIMEUR-LIBRAIRE DE L'ACADÉMIE

—

1884

LE MZAB

ET

SON ANNEXION

A LA FRANCE

LE MZAB

ET

SON ANNEXION

A LA FRANCE

PAR

Le Commandant ROBIN

CHEF DU BUREAU ARABE DIVISIONNAIRE D'ALGER

ALGER

• ADOLPHE JOURDAN, LIBRAIRE-ÉDITEUR •

IMPRIMEUR-LIBRAIRE DE L'ACADÉMIE

—

1884

LE MZAB

ET

SON ANNEXION

A LA FRANCE

———

Quand on quitte Laghouat pour se diriger vers le Sud, on trouve devant soi un immense plateau presque horizontal où la vue s'étend, comme en pleine mer, jusqu'aux limites de l'horizon. Le sol est recouvert d'une carapace calcaire friable, sur laquelle il existe une végétation clairsemée où domine une plante ligneuse de 30 à 40 centimètres de hauteur, que les Arabes appellent « remetz » *(salsola articulata),* et qui est employée comme combustible.

Quand on a franchi quelques kilomètres, on commence à apercevoir, de loin en loin, des arbres de haute futaie, au feuillage épais, qui croissent dans des dépressions peu sensibles, marquées par des îlots de verdure et d'où émergent des touffes vivaces de jujubier sauvage. Ces arbres sont des « betoums » (pistachier de l'Atlas), ces dépressions sont des dayas, et le pays que l'on parcourt est la région des dayas, qui s'étend des limites de la province d'Oran à celles de la province de Constantine, sur une largeur d'une soixantaine de kilomètres.

Sur cet immense plateau, où il n'y a presque pas de pentes, les eaux pluviales se réunissent dans des cuvettes, en entraînant des débris de terre végétale, et ces limons ont fini, avec le temps, par former une couche assez épaisse pour nourrir de grands arbres.

Les dayas sont espacées à 2 ou 3 kilomètres les unes des autres, de sorte qu'on en a toujours un certain nombre en vue ; elles ne portent, le plus souvent, que quelques betoums isolés, mais quelques-unes présentent de véritables bouquets d'arbres assez serrés. La plus belle daya est celle de Tilr'emt, qu'on trouve sur sa route à 89 kilomètres de Laghouat ; elle a une superficie de 103 hectares, et on y a compté environ 2,400 betoums, grands ou petits (1), dont quelques-uns mesurent jusqu'à 4 et 5 mètres de circonférence.

Comment ces arbres arrivent-ils à croître et à se reproduire dans un pays parcouru, en certaines saisons, par d'immenses troupeaux, étant donné que le bétail est friand de leur feuillage? On ne rencontre de jeunes betoums qu'au milieu des touffes épineuses de jujubier sauvage qui couvrent une partie des dayas ; les graines de betoum, semées naturellement, qui arrivent à germer dans ces touffes, s'y trouvent défendues contre la dent du bétail. En grandissant, les jeunes betoums étouffent le jujubier qui les a protégés ; les animaux peuvent alors brouter leurs branches basses, mais ils ne peuvent plus arrêter leur croissance. On remarque que le feuillage de ces arbres est rasé par le bas, en parasol, à la hauteur où peut atteindre le chameau.

Si on enlevait le jujubier sauvage des dayas, le betoum ne pourrait plus s'y reproduire ; cet arbuste mérite donc d'être protégé avec une sollicitude toute particulière.

Le betoum est très vivace, mais sa végétation est lente ; les arbres que nous trouvons dans les dayas

(1) Ces chiffres ont été pris dans un rapport daté du 20 décembre 1875 de MM. Reynard, sous-inspecteur des forêts à Médéa, et de Dianous de la Perrotine, lieutenant-adjoint au bureau arabe de Laghouat, qui ont été chargés de la reconnaissance d'une partie des dayas.

ont mis des siècles pour atteindre le développement
qu'ils ont aujourd'hui.

A partir de l'Oued Settafa, limite de la zone des dayas,
on pénètre dans la chebka, vaste plateau rocheux incliné
du nord-ouest au sud-est, et qui s'étend jusqu'au delà
d'El-Goléa, sur une largeur moyenne de 110 kilomètres.

La chebka n'est pas une protubérance montagneuse,
c'est un plateau régulier qui était primitivement uni ;
c'est l'écoulement des eaux pluviales qui, dans la suc-
cession des âges, y a creusé les ravins et les oueds
qu'on y trouve; tous les sommets s'arrêtent dans un
même plan, comme des témoins de l'état primitif.

Le sol est formé d'un calcaire cristallin très dur, d'un
blanc grisâtre à l'intérieur et d'un jaune noirâtre à l'extérieur; il ne présente pas trace de terre végétale.

La région de la chebka est d'une tristesse mortelle, la
vue est renfermée dans un cercle étroit qui ne dépasse
jamais les crêtes qui bordent le thalweg que l'on suit,
et on n'a sous les yeux que des rochers d'une teinte li-
vide qui paraissent calcinés par un soleil torride; à chaque col que l'on gravit, on espère que le regard sera dé-
livré de cette espèce d'oppression et pourra s'étendre ;
mais cet espoir est toujours trompé, on étouffe morale-
ment.

Dans ces mornes solitudes, il n'y a, pour ainsi dire,
pas de végétation ; on ne rencontre pas un être vivant,
pas un oiseau, pas un insecte. Le roc que l'on foule est
raboteux, âpre, mordant, et ronge, en un rien de temps,
la chaussure de nos soldats.

Jamais on ne se figurerait qu'on va trouver, dans ce
pays désolé, des cités populeuses; et pourtant, c'est là
qu'un petit peuple, les Beni-Mzab, différant de mœurs,
de religion et de langage avec les populations qui l'entourent, et qui ne compte pas moins de 30,000 âmes, est
venu abriter son indépendance et sa foi religieuse; c'est
là qu'est le berceau de ces Mozabites sobres et laborieux
qui se sont répandus dans toutes nos villes, où ils exer-

cent les professions de boucher, d'épicier, de conducteur d'ânes.

Quand, après avoir marché l'espace de 35 kilomètres dans l'affreux pays dont nous avons essayé de donner une idée, on aperçoit tout à coup au fond d'un ravin, qui est l'Oued Soudan, les magnifiques palmiers de l'oasis de Berrian, verts, serrés les uns contre les autres, et qui paraissent chercher à dépasser les berges rocheuses qui les dominent, on éprouve une sensation de délivrance et on marche plus allègrement.

Après Berrian, il faut encore franchir 47 kilomètres dans la chebka pour arriver à l'Oued Mzab, où l'on trouve groupées, sur une longueur de 7 kilomètres, cinq des sept villes de la Confédération : Ghardaïa, Beni-Isguen, El-Ateuf, sur la rive droite ; Melika et Bou-Noura, sur la rive gauche.

Nous connaissons déjà la position de Berrian ; la septième ville du Mzab, Guerara, est à 88 kilomètres au nord-est de Ghardaïa, sur l'Oued Zegrir, près du bord oriental de la chebka.

Dans la chebka du Mzab, les chemins, au nombre de trois ou quatre seulement, vont tous du Nord au Sud, sauf celui qui suit l'Oued Mzab ; le pays est tellement difficile que si on s'engageait sur ces chemins avec des chevaux ou des chameaux, on ne pourrait plus se dérober à droite ou à gauche, et qu'on pourrait se trouver pris comme dans un filet. C'est peut-être cette particularité qui a fait donner à cette région son nom de chebka, qui, en arabe, signifie filet.

L'Oued Mzab prend son origine, nous ne dirons pas sa source, dans la chebka, à 35 kilomètres au nord-ouest de Ghardaïa; à hauteur des cinq villes que nous venons de nommer, il forme une vallée à fond sablonneux, d'une largeur qui varie de 800 à 1,800 mètres, creusée dans la chebka à une profondeur d'environ 80 mètres, et dont les flancs rocheux et abrupts sont presque inaccessibles.

Les oasis occupent le fond de cette vallée ou celui de

petits affluents qui y débouchent, et les villes sont bâties en amphithéâtre sur des croupes qui se détachent des berges avec des pentes un peu plus douces que dans le reste de la vallée.

Les villes du Mzab ont un aspect uniforme. La mosquée, avec son minaret en forme de pyramide quadrangulaire tronquée, qui ressemble à la cheminée de certaines usines, occupe le point culminant; au-dessous, sont étagées les maisons à terrasses, bâties en pierre ou en pisé, serrées les unes contre les autres. Le tout est enveloppé d'une muraille d'enceinte en pierre, de 4 à 5 mètres de hauteur, à pans rectilignes, flanquée, de distance en distance, par des tours ou des bastions crénelés. L'ensemble a une teinte jaune terne assez triste, où tranchent agréablement quelques maisons plus riches, à arcades blanchies; on dirait des villes d'argile, en train de cuire au soleil.

Les fortifications des villes du Mzab ne tiendraient pas longtemps contre nos troupes, le canon les aurait promptement jetées par terre; mais elles peuvent défier tous les efforts des hordes arabes. Les fortifications de la ville de Beni-Isguen, qui ont été refaites, en partie, il y a une quinzaine d'années, par un Mozabite qui avait été entrepreneur du Génie à Blida, se distinguent par leur bonne construction; leur aspect, avec leurs tours à deux étages de créneaux, leurs machicoulis, rappelle nos enceintes fortifiées du moyen-âge.

Les maisons du Mzab sont assez vastes et bien bâties; elles n'ont d'autre ouverture sur la rue qu'une porte toujours hermétiquement close. Les rues sont d'une propreté qui tranche avec la saleté ordinaire des ksours; certaines maisons offrent aux passants des latrines publiques dissimulées derrière une ouverture de la muraille qu'on prendrait pour une porte d'entrée; cette prévoyance dénote un certain degré de civilisation. On trouve, particulièrement dans certains quartiers, d'assez nombreuses boutiques qui ressemblent à celles de nos Mozabites d'Alger.

Quelques-unes sont spécialement affectées au commerce des grains et des dattes, d'autres au commerce des légumes. Ces boutiques possèdent souvent de vastes caves servant à emmagasiner les dattes et les céréales pour le commerce en gros.

Une police sévère règne dans les villes ; ainsi, il est défendu, même aux étrangers, de fumer dans les rues. Le tabac est absolument proscrit au Mzab, sous toutes ses formes : « Lorsque le diable fut chassé du paradis, » disent les lettrés pour expliquer leur aversion pour » tous les produits de cette plante, il urina à la porte et » il en naquit une plante de tabac. » Il va sans dire que toutes les boissons alcooliques sont sévèrement prohibées.

Comme population féminine, on ne rencontre que de jeunes fillettes ou des femmes très mûres, si bien enveloppées dans leur épais haïk, qu'elles ne peuvent faire usage que d'un œil, et cet œil est tellement dans l'ombre, qu'on ne peut pas le distinguer. Les Mozabites ne plaisantent pas sur la question des mœurs.

Les gens vaquent à leurs affaires avec calme et une sorte de recueillement ; on se croirait dans un cloître. Ce n'est que les jours de marché que les rues montrent un peu d'animation. On voit arriver des caravanes d'Arabes des tribus, avec leurs chameaux de transport amenant les produits du Nord et de l'extrême Sud ; on étale sur la place du marché les dattes, les grains, les laines, des charges de bois et des denrées qu'on ne rencontre pas sur les marchés du Tell ; à côté, sont exposés les troupeaux de moutons ; plus loin, le delal fait sa vente à la criée ; les boutiquiers ont bondé plus que jamais leurs magasins des marchandises les plus variées ; des débats interminables s'engagent entre vendeurs et acheteurs ; le mouvement et la vie succèdent au calme habituel des villes.

Dans les réjouissances publiques, les Mozabites oublient tout à fait leur gravité ; ils se grisent à l'odeur de la poudre. Leur fantasia se fait à pied, de la manière suivante :

Un certain nombre d'individus, équipés comme pour le combat, se mettent sur deux rangs et partent ensemble au petit trot en poussant des cris aigus ; à un moment donné, le premier rang se retourne vers le second rang, qui prend un peu de distance, et on tire alors par terre d'énormes coups de tromblon qui font autant de bruit que des décharges d'artillerie. Les Mozabites ne peuvent pas se rassasier de ce jeu, et, dans les grandes occasions, ils consomment de cette manière des quintaux de poudre.

Les oasis de palmiers occupent, comme nous l'avons dit, le fond des vallées. Pour arroser les cultures, il n'y a, au Mzab, ni sources, ni eaux courantes quelconques, ni puits artésiens ; toute l'eau d'arrosage des jardins est tirée de puits à ciel ouvert d'une profondeur de 20 à 40 mètres.

On puise l'eau au moyen de grandes outres en cuir, ayant, à la partie inférieure, une manche de 60 à 80 cent. de longueur, qui se relève de manière à ne pas laisser échapper l'eau. L'appareil marche sur deux poulies,

l'une qui soulève l'outre elle-même et l'autre, en forme de rouleau, placée plus bas et un peu en avant, à une distance plus grande que la hauteur de l'outre et qui correspond à l'extrémité de la manche. Ce système, au moyen de deux cordes qui passent sur les poulies, est tiré, soit par un chameau, soit par un mulet ou un âne, soit par des hommes, en suivant une rampe d'une longueur égale à la profondeur du puits et inclinée de façon qu'on descende la pente lorsque l'outre remonte pleine. Quand l'outre arrive en haut, la manche, qui est tirée sur une poulie moins élevée, se rabaisse, s'incline de haut en bas et l'eau se déverse dans un réservoir. La bête de somme remonte la rampe, l'outre descend pour s'emplir d'eau, en même temps que la manche se relève. Le tirage de l'eau se fait par un mouvement de va-et-vient continuel.

Le bassin où se déverse l'eau du puits correspond à un système de canaux dont les pentes sont calculées de façon à conduire l'eau sur tous les points du terrain à arroser ; ces canaux sont rendus étanches au moyen d'un enduit de tibchent, plâtre d'une nature particulière qu'on exploite dans le Mzab et qui joue un grand rôle dans les constructions du pays.

Un homme conduit l'animal qui tire l'eau, un autre dirige cette eau sur les points qu'il faut arroser. Une grande partie de la population du Mzab passe sa vie à l'arrosage des jardins ; les puits sont toujours en activité et on n'entend, de tous côtés, que le grincement des poulies. En été, on tire l'eau jour et nuit, tant que les puits ne sont pas taris, ce qui arrive assez rapidement. Au mois d'août dernier, il ne restait presque plus d'eau dans les oasis les moins bien partagées ; à Bou-Noura il n'y avait plus que deux puits pour l'alimentation des habitants, à Beni-Isguen il n'en restait que trois et à Melika que deux ; la garnison de Ghardaïa était obligée d'aller chercher son eau en tête de l'oasis, à quatre kilomètres de distance.

Il faut dire que l'évaporation est grande dans la saison d'été ; le thermomètre ne marque que par exception des températures inférieures à 40 degrés ; pendant le mois d'août dernier il s'est élevé jusqu'à 47°8, la moyenne du mois a été de 43°9.

Il existe dans la Chebka une nappe d'eau peu puissante qui n'est, pour ainsi dire, qu'un suintement ; cette nappe se trouve partout à un niveau presque uniforme et la profondeur du puits dépend de la cote du point où on le creuse. On arrive à trouver l'eau même sur les croupes où sont bâties les villes du Mzab, seulement on est obligé de creuser des puits très profonds. Quand on arrive à l'eau, on dépasse de 4 à 5 mètres la nappe, qui est retenue par une couche d'argile bleue ou jaune, afin de former un réservoir où vient se réunir l'eau.

La nappe qui alimente les puits doit avoir un écoulement, fort lent il est vrai, suivant la pente des vallées, car on remarque que les puits qu'on creuse en amont des oasis font baisser et même tarir ceux qui sont en aval ; lorsqu'on fait de nouveaux puits, c'est toujours en amont, peu à peu les oasis ont gagné du terrain de ce côté et en ont perdu en aval, si bien qu'elles ont fini par s'éloigner des villes à côté desquelles les plantations avaient été faites primitivement. Ainsi, l'oasis de Ghardaïa ne commence plus qu'à 2 kilomètres de cette ville.

Les emplacements des anciens jardins sont marqués par des puits en ruine, que les indigènes appellent des puits morts, et par des palmiers djalis qui ont résisté au manque de soins et d'arrosage, mais qui ne végètent plus que misérablement.

La qualité de l'eau est très variable d'un puits à un autre ; l'eau du Mzab est généralement assez mauvaise, sauf celle de quelques puits (1).

---

(1) Les étrangers qui vont au Mzab, sont obligés de payer l'eau qu'ils donnent à leurs animaux ; ils payent en moyenne 5 centimes pour abreuver deux chameaux, le paiement se fait en nature.

Il pleut fort peu dans la Chebka et l'Oued Mzab n'arrive à couler que tous les 3 ou 4 ans ; lorsque ce phénomène rare se produit, c'est une grande joie dans le pays, car les puits seront alimentés pour plusieurs années, en attendant une nouvelle crue.

Avec une rivière qui ne coule que tous les 3 ou 4 ans, il semblerait superflu de faire des barrages ; il existe pourtant, dans chaque oasis, plusieurs barrages en maçonnerie construits avec beaucoup d'art, seulement leur destination n'est pas la même que celle des barrages que l'on établit sur les cours d'eau. Au Mzab, ces constructions ont pour mission de retenir l'eau des crues le plus longtemps possible sur le sol, de manière à la forcer à s'enfoncer en terre. Ces barrages sont tantôt en amont, tantôt en aval des oasis ; ils retiennent l'eau et la détournent sur les terrains qu'ont veut imbiber et il existe, pour chacun d'eux, tout un système de canaux qui servent à en faire la répartition dans les propriétés.

Une chose à laquelle on ne s'attendrait pas non plus, c'est à trouver la propriété individuelle établie sur les terrains rocheux, absolument stériles, qui bordent les oueds ; elle y est parfaitement constituée au moyen de titres authentiques et les propriétaires tiennent énergiquement à leurs droits. Voici l'usage qu'ils font de ces terrains : ils recueillent avec soin les eaux pluviales qui s'y écoulent et les dirigent sur leurs jardins pour alimenter les puits. Au bas des petits ravins, on trouve d'ingénieux répartiteurs qui donnent à chaque copropriétaire une part du précieux liquide, proportionnelle à ses droits. On remarque qu'au débouché des ravins les puits sont plus abondants et les palmiers plus verts.

La principale culture du Mzab est, comme on le sait, la culture du palmier ; on en compte 200 à 250 par hectare. Sous l'ombrage des palmiers croissent presque tous les arbres fruitiers de l'Europe : abricotiers, figuiers, grenadiers, cognassiers et même quelques orangers et citronniers ; des vignes grimpantes courent d'un palmier à l'autre en formant des guirlandes de verdure ; sur le sol même poussent de l'orge, un peu de blé et divers légumes : fèves, carottes, navets, oignons, aulx, piments, cucurbitacés et un chou d'une variété particulière, qui n'est pas très recommandable. On ne cultive pas la pomme de terre, les essais qu'on en avait faits n'ayant pas donné de bons résultats ; de nouvelles tentatives sont entreprises pour acclimater ce précieux tubercule. Chaque propriétaire a un ou plusieurs carrés de luzerne pour la nourriture des chèvres laitières et des bêtes de somme.

On fait ordinairement deux récoltes par an sur chaque terrain, une de céréales et une de légumes.

Les jardins des oasis sont entourés de murs en pisé, principalement ceux du périmètre. Les oasis sont protégées par un certain nombre de tours destinées à abriter les postes chargés de s'opposer aux entreprises des maraudeurs.

Comme on doit s'y attendre, la propriété a une valeur très grande au Mzab : le terrain à bâtir se vend, dans les villes, à raison d'environ 7 francs le mètre carré, à Beni-Isguen, on paie le mètre jusqu'à 30 francs ; dans les oasis, le terrain de culture non planté vaut de 50 centimes à 10 francs le mètre, c'est à Ghardaïa qu'il atteint les prix les plus élevés. Les palmiers valent, en moyenne, 150 francs l'un ; il en est qui se sont vendus jusqu'à 1,000 et 1,200 francs.

A Ghardaïa, à Berrian et à Guerara, celui qui cultive comme colon partiaire a droit à la moitié de la récolte ; à Beni-Isguen, à Melika et à Bou-Noura, où l'eau est peu abondante et l'arrosage pénible, il a pour lui les 4/5 et même jusqu'aux 5/6 de la récolte. La possession de la terre est un luxe, plutôt qu'un placement avantageux.

C'est un spectacle vraiment pittoresque, surtout au printemps, que ces forêts de palmiers dont les cimes s'élèvent jusqu'à 20 mètres de hauteur, avec ces trois étages de verdure, de tons différents, et d'une fraîcheur remarquable ; ces essaims de travailleurs de race blanche et de race noire ; ces chameaux qui font gravement leur promenade de va-et-vient en tirant l'eau, accompagnés des cris stridents des poulies.

Il a fallu à la race mozabite une intelligence agricole des plus prononcées, une énergie et une ténacité extraordinaires, et le travail persévérant d'une suite de générations, pour arriver à rendre fertile et productif un sol aussi déshérité. Quels résultats n'obtiendrait-on pas si les mêmes efforts étaient faits dans des régions plus favorisées par la nature ?

Les Mozabites n'ont presque pas de troupeaux, ce qui s'explique par l'absence de pacages.

Depuis que nous occupons le Mzab, un recensement des jardins a été fait avec le plus grand soin, en comptant les palmiers et les puits un à un, et en les marquant, au fur et à mesure, à la chaux. Voici les chiffres que ce recensement a fournis :

NOMS DES VILLES	POPULATION	NOMBRE de PALMIERS	NOMBRE DE PUITS		OBSERVATIONS
			En activité	Morts	
Ghardaïa ...	11.000	64.074	1.240	275	L'oasis de Ben-Dahoua, de récente création, dépend de Ghardaïa ; il est à 8 kil. en amont de la ville. Chaque puits arrose en moyenne, selon les oasis, de 45 à 400 palmiers. On peut estimer la récolte moyenne annuelle de dattes, à 63,000 quintaux. Ces dattes sont de très bonne qualité ; celles de Berrian sont les plus estimées. Les chiffres donnés pour la population des villes, ne sont encore qu'approximatifs, ainsi que ceux relatifs à Guerara.
Oasis de Ben-Dahoua	»	3.754	113	»	
Melika	1.200	2.865	173	23	
Beni-Isguen.	5.500	25.875	417	124	
Bou-Noura .	1.500	9.954	248	»	
El-Ateuf	2.500	16.483	343	90	
Berrian	4.500	27.855	274	»	
Guerara	4.000	28.000	280	»	
TOTAUX...	30.200	178.860	3.088	512	

Au Mzab, personne n'est oisif; pendant que la population masculine travaille dans les jardins, la population féminine travaille dans les maisons au tissage des burnous, des haïks, des tapis et des couvertures. Ces tissus sont généralement grossiers, mais ils sont à bon marché et ils se vendent très bien. L'industrie du tissage produit annuellement une valeur estimée à 700,000 fr.

On trouve encore au Mzab des menuisiers, des forgerons, des armuriers, des cordonniers, des ouvriers en filali, des fabricants de poterie. Autrefois on y fabriquait beaucoup de poudre, mais cette industrie a été supprimée. Les maçons du Mzab sont très estimés, mais ils se font payer grassement; ils exigent 10 à 12 francs par jour, avec la nourriture en sus, laquelle vaut bien 1 fr. 50. Les puisatiers se font payer 6 à 7 francs par jour et nourris.

La main-d'œuvre se paye donc très cher au Mzab; il faut dire que la vie matérielle y est aussi très couteuse; ainsi, lorsque le blé et l'orge valent 14 fr. 50 et 7 fr. 80 l'hectolitre à Alger, ils se vendent 30 francs et 17 francs au Mzab (1). La viande de mouton revient à 2 fr. 50 le kil. Il n'y a de bon marché que les dattes; elles se vendent, en ce moment, 18 francs le quintal.

Il n'y existe pas d'autre fourrage que le drin *(aristida pungens)* qu'on trouve dans les endroits sablonneux; la paille qu'on récolte dans le pays se vend à raison de 10 francs le quintal (2).

Il n'y a pas non plus de bois dans ce pays; le seul combustible est le retem *(genista Saharæ),* sorte de genêt à fleurs blanches, qu'on est obligé d'aller chercher fort loin.

---

(1) Ce sont les prix de la mercuriale de février 1884.

(2) C'est le prix correspondant aux bonnes récoltes. On donne au Mzab, dans la ration des chevaux, une certaine quantité de carottes, dans la saison où il en existe ; l'Intendance les paye à raison de 5 fr. 50 le quintal.

La superficie des oasis du Mzab, n'atteint pas un millier d'hectares en tout; aussi, malgré la perfection donnée aux cultures, les produits qu'on en tire ne pourraient faire vivre une population aussi nombreuse, même avec l'appoint que donne l'industrie; c'est le commerce qui fournit aux Mozabites le plus beau de leurs revenus. Le Mzab est le grand marché de tout l'extrême Sud, c'est là que vont s'échanger les produits du Tell et ceux de l'industrie européenne, contre les produits du Sahara. Les principaux de ces produits sont : d'un côté les céréales, de l'autre les dattes. Ces deux branches de commerce méritent quelques détails.

Pour les achats de grains, les commerçants mozabites se servent parfois de l'intermédiaire de leurs coreligionnaires établis dans le Tell et ils font faire les transports au moyen de chameaux loués dans les tribus des Larba ou des Oulad-Nayls ; les mêmes convois leur rapportent les marchandises européennes : cotonnades, épiceries, sucre et café, bougie, savon, fers et aciers, outils, quincaillerie, poterie, vaisselle, etc.

Le plus souvent, ils opèrent d'une autre façon. Ils font des avances d'argent à des indigènes des tribus nomades qui vont estiver dans le Tell et ceux-ci organisent, au moment de retourner dans le Sud, des caravanes qui vont acheter les grains sur les marchés où les prix sont les plus avantageux, ces marchés fussent-ils très éloignés de leurs campements. L'opération se fait à leurs risques et périls ; ils portent les grains au Mzab et livrent alors la majeure partie de leurs chargements pour rembourser les avances qui leur ont été faites et pour se procurer les dattes nécessaires à leur consommation.

Les Mozabites emmagasinent les grains en grande quantité, certains de leurs négociants ont de quoi suffire à la vente pendant 3 ou 4 ans. Ils préfèrent avoir leur fortune en grains qu'en numéraire. Ils sont, pour cette denrée, les grands pourvoyeurs de l'extrême Sud.

Pour leur commerce de dattes, les Mozabites ont d'abord celles que produisent leurs palmiers et qui ne sont pas consommées dans le pays; ils en achètent encore au Gourara et à Metlili, mais leur grand centre d'approvisionnement c'est l'aghalik d'Ouargla, qui produit 5 fois plus de dattes que le Mzab.

Les Mozabites se sont rendus acquéreurs d'un assez grand nombre de palmiers dans les oasis d'Ouargla et ils les font cultiver par des khammès. D'un autre côté ils font des avances, soit en argent, soit en denrées, aux Ksouriens et aux Nomades possesseurs de palmiers, pour leur permettre de vivre d'une récolte à l'autre et ces avances sont remboursées en nature, au moment de la récolte des dattes, à des prix fixés à l'avance et qui sont naturellement très avantageux pour les prêteurs. Une bonne partie de la récolte des dattes passe donc, immédiatement, entre les mains des Mozabites. Des marchés de même nature se font avec les Arabes, avec la garantie du produit de leurs troupeaux.

On voit, d'après ce que nous venons de dire, que les Ksouriens besoigneux et les Arabes imprévoyants et dépensiers, sont généralement endettés vis-à-vis des Mozabites; ceux-ci ne cherchent pas à ruiner leurs débiteurs, ils ne leur retirent pas le crédit lors même qu'ils n'auraient pu remplir tous leurs engagements; ils trouvent plus avantageux de les faire travailler à leur profit, en les aidant à vivre, que de les faire exproprier et réduire à la misère. Il y a des familles des tribus nomades qui sont clientes, de père en fils, de familles mozabites.

Ces deux populations, les Arabes du Sud et les Mozabites, sont intimement liées d'intérêts et elles ne pourraient vivre l'une sans l'autre; ce qu'il y a de plus curieux, c'est qu'elles professent l'une pour l'autre un souverain mépris, à cause de la différence de leurs cultes et aussi à cause de la différence de leurs mœurs et de leurs sentiments.

Au moment de notre conquête de l'Algérie, le Mzab avait à peu près le monopole du commerce du Soudan et du Sahara ; c'est là qu'arrivaient toutes les caravanes d'Insalah et la plupart de celles du Gourara et de Ghadamès ; l'abolition de la traite des nègres, que nous avons proclamée en 1848, a eu pour conséquence de ruiner peu à peu ce commerce extérieur, au fur et à mesure de nos progrès à faire respecter cette prohibition. Comme on le sait, les caravanes qui sillonnent le Grand Désert font surtout le commerce des esclaves noirs ; elles ne peuvent aller que sur les marchés où on leur achète leur marchandise humaine ; elles ont désappris de plus en plus le chemin du Mzab, pour se porter vers la Tripolitaine et le Maroc, et c'est à peine s'il en arrive quelques-unes chaque année. Sans doute, jusqu'au moment de l'annexion, le Mzab a conservé des esclaves ; mais les besoins de ce petit pays n'étaient plus assez importants pour attirer de nombreuses caravanes, du moment où on ne pouvait plus vendre les nègres sur les marchés de nos tribus.

Depuis que nous occupons le Mzab, il y est arrivé quelques caravanes venant d'Insalah ou du Gourara, apportant du henné, de l'alun, des dépouilles d'autruche, des peaux de bêtes fauves, des cuirs ouvragés, des cordes en fibres de palmier très estimées, de l'ivoire et même un peu de poudre d'or (1) ; elles amenaient aussi des chameaux de course et des convois de ces ânes sauvages à poil rosé, si vigoureux, que l'on capture dans le

---

(1) Dans le 2e trimestre 1883, on a amené d'Insalah à Beni-Isguen : 80 quintaux de henné, à 70 francs le quintal ; 25 quintaux de salpêtre, à 150 et 200 francs le quintal ; 8 dépouilles d'autruche, à 275 francs l'une ; 3 défenses d'éléphant, à 12 francs le kilogramme ; 8 peaux de panthères du Soudan, vendues de 40 à 70 francs l'une ; 10 peaux de guépard, à 12 francs ; 18 grammes de poudre d'or, à 2 fr. 90 le gramme. Dans le mois de juillet, une autre caravane y a apporté 26 dépouilles d'autruches mâles et 2,000 kilogrammes de henné.

Hoggar (1). C'est presque exclusivement à Beni-Isguen qu'ont lieu ces arrivages (2).

Comme nous l'avons dit, les Mozabites ne se contentent pas du commerce qu'ils font dans leur pays, ils exploitent aussi le commerce de toutes nos villes d'Algérie et celui des ksours arabes un peu importants. Environ un tiers de la population du Mzab est répandu un peu partout; c'est ce qui explique pourquoi, au Mzab, beaucoup d'indigènes parlent le français. Beaucoup font fortune dans les villes du littoral; mais c'est toujours vers leur pays d'origine que leurs regards sont dirigés, c'est là qu'ils aspirent à retourner un jour.

D'après les lois du Mzab, les Mozabités qui quittent le pays ne peuvent pas emmener leurs femmes; s'ils épousent des femmes étrangères, il leur est interdit de les conduire dans leur ville d'origine; ce n'est donc qu'au Mzab que peut se fonder régulièrement la famille.

Il existe d'assez grandes fortunes au Mzab, mais l'ostentation n'est pas admise; les gens riches conservent leur simplicité primitive dans leurs vêtements et dans leur manière de vivre. Ce qu'ils recherchent, c'est une clientèle politique nombreuse, c'est l'influence.

D'où est donc venu ce petit peuple perdu dans un coin

---

(1) En janvier dernier, une seule caravane a amené un convoi de 99 ânes du Hoggar.

(2) Chaque ville cherche à attirer, par tous les moyens possibles, et même à prix d'argent, les caravanes qui apportent des marchandises. Autrefois, cette rivalité a souvent amené des conflits, surtout entre Ghardaïa et Beni-Isguen ; les gens de Ghardaïa sont allés jusqu'à murer un chemin par lequel passaient les caravanes pour aller à Beni-Isguen.

Les villes donnent gratuitement l'hospitalité aux gens influents pour s'attirer leurs bonnes grâces, et elles hébergent quelquefois des caravanes entières, dans un intérêt commercial, pendant une période qui, d'après les usages reçus, ne peut excéder trois jours.

du Sahara, si différent de tout ce que nous connaissons, qui n'a, avec les populations qui l'entourent, que des relations purement commerciales, et qui forme une société à part? Quelle est l'origine de la secte religieuse à laquelle il appartient?

L'histoire des Berbères d'Ibn Khaldoun et la chronique du mozabite Bou Zakaria, récemment découverte au Mzab et traduite par notre savant directeur de l'École supérieure des Lettres, M. Masqueray, permettent de répondre à ces questions. Nous allons le faire aussi sommairement que possible.

Les Mozabites sont musulmans; mais ils sont considérés comme hérétiques par les musulmans des rites orthodoxes de l'Occident, qui les appellent kharedjites, c'est-à-dire sortis de la bonne voie. Il est bien entendu que, de leur côté, les Mozabites prétendent avoir conservé la religion de Mahomet dans toute sa pureté primitive, et, si on en juge par les fruits, ils pourraient bien être dans le vrai, car ils ont sur les Arabes une supériorité morale incontestable.

Le schisme auquel se rattache la secte mozabite n'est pas récent; il date, en effet, de l'an 38 de l'ère musulmane. Ce schisme est l'ouhabisme, ainsi appelé du nom de son premier chef, Abd Allah ben Ouhab. Les ouhabites soutenaient que le Kalife, chef de la religion, devait être nommé au choix unanime des musulmans, sans aucun droit d'hérédité, et qu'on pouvait le prendre en dehors de la tribu des Koreïchites, à laquelle appartenait Mahomet. Cette doctrine gagna une partie du monde musulman; de là des guerres et des persécutions qui ont duré plusieurs siècles, et qui se sont terminées par l'écrasement des ouhabites.

Ainsi, ce qui empêche les Mozabites d'être orthodoxes, pour nos malékites d'Algérie, c'est ce dissentiment sur la manière de désigner le Kalife; car, pour le reste des doctrines et pour les pratiques du culte, il n'y a pas de différences fondamentales. Il semblerait donc qu'aujourd'hui, qu'il n'y a plus de kalifes, il serait facile de se mettre d'accord; mais personne ne songe à ce rapprochement, et on continue à s'anathématiser, de part et d'autre, sans même songer aux points sur lesquels les gens des deux rites ne pensent pas de la même manière.

Peu de temps après l'origine du schisme, les ouhabites se partagèrent en deux branches : les ibadites, ou abadites, disciples d'Abd Allah ben Ibad; et les sofrites, disciples d'Abd Allah ben Safeur. Les Beni-Mzab sont ibadites; nous ne désignerons plus leur secte que sous ce nom.

L'ibadisme ne pénétra dans les pays barbaresques que vers le milieu du VIIIe siècle de notre ère; il s'étendit par Tripoli, Keirouan et le sud de nos possessions algériennes actuelles, jusqu'au Maroc, en ralliant les tribus berbères de la race des Zenata qui occupaient cette région. Adopter les nouvelles doctrines, c'était, pour les tribus berbères, une manière de protester contre la tyrannie des lieutenants du Kalife qui les gouvernaient, et contre les excès dont ils étaient victimes. La nouvelle secte se donna des imams, dont l'un, Abd-er-Rahman ben Roustem, d'origine persane, fonda la ville de Tiaret, en l'an 761, et y établit le siège de son empire. Cet empire ibadite dura près de 150 ans.

En 908 de notre ère, le dernier imam ibadite, Yakoub ben Afelah, descendant d'Abd-er-Rahman ben Roustem, fut complètement battu et chassé de Tiaret par les fatemides. Traqué par le vainqueur, il alla chercher un refuge à Ouargla, qui dépendait de son autorité, et il y fut rejoint par tous les ibadites qui ne voulaient pas renoncer à leur foi. Longtemps, Ouargla fut le boulevard de l'ibadisme et l'asile de cette secte persécutée. C'est à cette époque que remonte la fondation des villes de Cedrata, Melika, Djebel-Ibad, Krima, dont on trouve les ruines dans l'Oued Mya, à peu de distance d'Ouargla.

Le tombeau de l'imam Yakoub, qui se trouve entre

Cedrata et Krima, est encore un lieu de pèlerinage pour les Mozabites (1).

L'Oued Mya ne fut bientôt plus un asile suffisamment sûr pour les ibadites, et, dès l'an 1012, ils allèrent fonder, dans l'Oued Mzab, leur premier établissement à El-Ateuf. Cette région n'était pas déserte, elle était occupée par la tribu zenatienne des Beni-Mzab, qui y avait des habitations et des cultures disséminées. Cette tribu adopta les croyances ibadites, et, en revanche, elle donna son nom aux populations émigrées qui se fondirent avec elle. Trente-cinq ans plus tard, Bou-Noura fut fondé ; puis Ghardaïa ; puis, ensuite, les autres villes de l'Oued Mzab. Berrian et Guerara ne furent bâties qu'au XIIᵉ siècle.

Les ibadites de l'Oued Mya, combattus à outrance par un ennemi acharné qui ne se contentait pas de les exterminer mais qui coupait en même temps leurs palmiers et comblait les puits artésiens, continuèrent peu à peu leur mouvement d'émigration vers le Mzab. Cette secte se trouva complètement submergée après la deuxième grande invasion arabe, et elle n'eut plus, pour dernier refuge, que la Chebka (2). Au milieu de ce pays rude et inaccessible, dont les abords sont dépourvus d'eau, du moins pour une troupe nombreuse, dans un rayon de 50 lieues, les ibadites étaient inexpugnables, et ils surent y maintenir leur indépendance et leur religion, au milieu de toutes les révolutions qui ont bouleversé le pays. L'Oued Mya fut complètement abandonné et les ibadites des États barbaresques, qui ne purent gagner le Mzab, furent contraints d'accepter la religion des conquérants.

(1) Les pèlerins mozabites visitent encore, à Cedrata, l'ancienne mosquée dont on voit les ruines ; au Djebel Ibad, le mokam des 70 chikhs.

(2) Il y a encore à Ouargla 181 familles ibadites : 125 dans le quartier des Beni-Ouagguin, et 56 dans celui des Beni-Sissin.

Nos Mozabites ne sont pas absolument isolés dans le monde, au point de vue de la religion ; il y a encore des ibadites dans l'île tunisienne de Djerba ; dans le Djebel Nefous, au sud de la Tripolitaine ; dans l'Oman, sur le bord occidental du golfe Persique, et, enfin, sur la côte de Zanzibar. Il existe des relations entre ces différents groupes ; les Mozabites qui font le pèlerinage de la Mecque, poussent quelquefois jusqu'à l'Oman ; le Djebel Nefous envoie des étudiants à Beni-Isguen, pour s'initier aux doctrines qu'on y enseigne ; les livres de théologie qui sont au Mzab ont été écrits, pour la plupart, dans l'Oman ou dans le Djebel Nefous.

D'après ce que nous venons de voir, les Mozabites sont des berbères zenatiens, venus de divers points, qui ont fini par former un groupe homogène ; le dialecte qu'ils parlent a beaucoup d'analogie avec celui des Kabyles du Djurjura. Ce sont les conditions particulières de leur existence, et la sévérité de leurs principes religieux, qui leur ont donné, à la longue, une physionomie et un caractère particuliers.

Les sept villes du Mzab formaient, avant l'annexion, autant de petites républiques théocratiques. Avant d'entrer dans le détail de leur mode de gouvernement il est nécessaire de faire connaître l'organisation du clergé, car il existe au Mzab un véritable clergé qui se recrute, comme le nôtre, dans toutes les classes de la société.

On ne reconnaît au Mzab ni cheurfa, descendants du prophète, ni familles maraboutiques auxquelles sont réservées, par privilège d'hérédité, les fonctions religieuses; pour être admis dans la classe des tolba ou des clercs, il faut avoir donné des preuves de savoir et de piété. Tout le monde peut y aspirer et les descendants des clercs rentrent dans la classe des aouames ou laïques, s'ils ne travaillent pas à s'instruire et ne se distinguent pas par leur zèle pour les intérêts de la religion.

L'instruction est très répandue au Mzab ; presque tous les jeunes gens y apprennent à lire et à écrire en arabe.

Les élèves des écoles primaires appelés imesorda ou aspirants (au singulier amsardou), apprennent la lecture, l'écriture et le koran.

Les aspirants qui savent par cœur tout le koran, qui font preuve d'intelligence et du désir de s'instruire, et se font remarquer en même temps par leur austérité et leur piété, sont admis, s'ils le demandent, parmi les irouanes ou disciples (au singulier iraou), qui forment le 2e degré de la hiérarchie des clercs. On leur apprend la grammaire, l'humanité, la théologie et la jurisprudence.

C'est parmi les disciples que se recrute le clergé investi des fonctions religieuses, lequel se compose, dans chaque ville, d'un chikh de mosquée et de sa halka ou chapitre, comprenant douze iazzaben (au singulier azzabi). Nous désignerons les iazzaben par le nom de membres du chapitre.

Pour pouvoir être admis dans le chapitre, les disciples doivent, d'après la règle du chikh Abou El-Kassem ben Yahia, remplir 4 conditions : 1° être polis et sages ; 2° s'attacher avec ardeur à la recherche de la science ; 3° éviter le contact de la foule, paraître peu dans les marchés ou les réunions publiques ; 4° avoir purifié son corps de toute souillure et son âme de toute passion mondaine.

Lorsqu'un disciple paraît remplir ces conditions, il est mis en observation pendant un an au moins et un membre du chapitre est délégué pour surveiller attentivement sa conduite et étudier ses principes. Si le rapport est favorable et si une vacance existe, le chapitre fait tous ses efforts pour décider le candidat à prendre une place dans son sein ; mais nul ne peut être admis que du consentement unanime de tous les membres du chapitre.

De même, l'exclusion temporaire ou définitive et la réadmission, sont prononcées à l'unanimité. Celui qui révèle les secrets du chapitre, en est immédiatement expulsé et il ne peut plus y rentrer.

Les quatre membres les plus anciennement admis forment, dans le chapitre, un conseil supérieur chargé de surveiller la doctrine enseignée; c'est à ces quatre membres qu'appartient le choix du chikh de la mosquée, qui est, dans chaque ville, le chef de la religion, celui qui a la décision en toute matière. Ils le prennent parmi eux, d'un commun accord, et leur choix doit être accepté par les autres membres du chapitre, sous peine d'exclusion.

Il est convenable que celui qui a été choisi pour chikh se fasse faire violence pour accepter la mission dont on veut le charger, et dont il doit se reconnaître indigne; le jour de l'investiture, cérémonie à laquelle assistent les clercs de toutes les villes et les laïques qui veulent s'y rendre, on doit l'arracher de force de sa maison, malgré ses pleurs et ses supplications, pour le conduire à la mosquée. Là, le plus ancien des membres du chapitre proclame l'élection, et on récite la fateha. Un repas termine la fête, et le nouveau chikh entre immédiatement en fonctions.

Lorsque le conseil supérieur ne peut arriver à s'entendre sur le choix du chikh de la mosquée, la présidence du chapitre appartient au plus ancien, au kebir des iazzaben. Il a les mêmes pouvoirs religieux que le chikh.

Le chikh de la mosquée, ou le kebir des iazzaben, répartit les fonctions religieuses entre les membres du chapitre; il désigne un moudden pour appeler à la prière, un imam pour diriger les prières à la mosquée, quatre laveurs de morts, trois professeurs pour l'enseignement, deux oukils et un huissier du chapitre.

Il n'y a, en ce moment, qu'un seul chikh de mosquée dans tout le Mzab : c'est celui de la mosquée de Beni-Isguen, El-Hadj Mohamed ben Aïssa. C'est le défaut d'entente, et quelquefois des questions de sof, qui font que les fonctions de chikh ne sont pas remplies, le plus souvent, par des titulaires (1).

_____

(1) Il n'y a plus de chikh à la mosquée de Ghardaïa, depuis la dis-

La caste des clercs, ou tolba, comprend, en outre des membres du chapitre et des disciples, les aspirants qui consentent à assister régulièrement aux cérémonies religieuses, à la mosquée ou au cimetière ; ils ont une part dans les distributions du produit des habous et des dons religieux. Ceux des aspirants qui ne veulent pas s'astreindre à ces obligations rentrent dans la classe des aouames ou laïques. On peut donc être lettré sans faire partie de la caste des tolba ; c'est le cas d'un grand nombre de Mozabites, qui préfèrent s'occuper du temporel plutôt que du spirituel.

Les tolba se distinguent des laïques par leur attitude recueillie ; ils ne portent ni armes, ni corde de tête (brima) ; ce sont des hommes de paix, ils ne doivent ni se battre, ni même se livrer à l'exercice de la chasse.

Les tolba ont droit au respect des laïques ; lorsqu'un de ceux-ci se présente devant un membre du chapitre, il doit se dépouiller de ses armes, de ses éperons et de sa brima, et prendre une attitude d'infériorité.

Pour la rédaction des actes authentiques, les parties intéressées s'adressaient à un membre quelconque du chapitre ou à un disciple ; elles choisissaient, de la même manière, dans leur ville ou dans une autre ville du Mzab, un arbitre pour juger leurs procès. Il n'y avait pas de cadi désigné ; on prenait pour juge le taleb qui inspirait confiance. Les juges ibadites ont une certaine réputation d'intégrité, car les Arabes du rite malékite ne craignent pas de porter leurs différends devant eux.

On pouvait faire appel des jugements devant un medjelès, composé d'un certain nombre de membres du chapitre de chaque ville, et qui se réunissait tous les jeudis à Ghardaïa, sous la présidence d'un chikh de mosquée.

Chaque ville du Mzab était autrefois gouvernée par le

---

parition mystérieuse du chikh El-Hadj Salah ben Kassi, dont nous parlerons plus loin. Il n'y a plus de chikh à Melika, depuis 50 ans ; à Bou-Noura et à El-Ateuf, depuis 12 ans ; à Guerara, depuis 30 ans.

chikh de la mosquée, avec l'assistance de son clergé et d'une djemâa laïque, composée d'un ou de plusieurs délégués élus par chaque fraction. Pour faire partie de la djemâa, il fallait être marié, père de famille, et jouir d'une certaine fortune.

Un ou plusieurs mokaddems, choisis dans la djemâa, étaient chargés de la police et de l'exécution des décisions prises ou approuvées par le chikh de la mosquée.

Ce dernier réglait, avec le concours du chapitre et de la djemâa (1), toutes les questions administratives et de police, faisait la répartition des charges communes et punissait, d'après le kanoun, les crimes et les délits, ainsi que les fautes contre la loi religieuse. Les peines prononcées étaient : l'amende, la bastonnade, la prison, le bannissement, et même la mort. En matière religieuse, il y avait aussi la peine de la tebria, c'est-à-dire de l'excommunication, qui était prononcée par le chapitre. L'individu excommunié était exclu de la société, le concours du clergé lui était complètement refusé ; ainsi, il n'aurait pas pu se marier ; personne ne devait traiter d'affaire avec lui, et le dellal devait même refuser de vendre pour lui à la criée. On était relevé de l'excommunication en se conformant à un certain cérémonial et en se soumettant à l'expiation exigée par le chapitre.

Dans les temps primitifs, le chikh de la mosquée réunissait, ainsi que nous venons de le dire, tous les pouvoirs religieux et civils ; mais l'élément laïque avait fini par se fatiguer de la tutelle d'une autorité animée d'un fanatisme aveugle, intolérant et inquisitorial, qui pesait

---

(1) La djemâa laïque pouvait régler les questions d'intérêt secondaire ; mais, pour les questions importantes, elle allait consulter le chapitre, qui avait toujours une action prépondérante.

Dans les villes où l'élément laïque avait pris le dessus, comme nous le verrons plus loin, on se passait de l'avis du chapitre ; mais cette assemblée avait un moyen de rétablir sa domination : elle fermait la mosquée, faisait cesser l'appel à la prière, refusait de laver les morts, et de passer les actes authentiques. Cet état de choses ne pouvait durer longtemps et on se soumettait.

aussi bien sur les actes de la vie privée que sur ceux de la vie publique. Peu à peu, les djemâas laïques, empiétant sur les pouvoirs des chikhs de mosquée, s'étaient donné des attributions pour les affaires civiles ; mais il serait bien difficile, aujourd'hui, de marquer la limite de la compétence des tolba et de la compétence des djemâas. Il y avait une grande confusion en ces matières, les djemâas laïques s'étaient plus ou moins émancipées, selon les villes, et acceptaient plus ou moins la direction du pouvoir religieux.

Depuis notre occupation de Laghouat, l'élément séculier avait même, dans certaines villes, secoué le joug des clercs ; ainsi, à Guerara, à Berrian et à Ghardaïa, il s'était emparé du pouvoir et s'était donné des chikhs laïques.

Les affaires intéressant toute la confédération, étaient traitées dans des assemblées générales qui se tenaient, entre Ghardaïa et Melika, à la djemâa Ammi-Saïd, sorte de plate-forme en maçonnerie élevée de 1^{m}50 au-dessus du sol. Les réunions de cette nature étaient fort rares.

Nous avons dit que les peines, en matière criminelle ou religieuse, étaient prononcées d'après un kanoun ou code. Chaque ville avait son kanoun particulier, dont les dispositions avaient été adoptées, d'un commun accord, par le chapitre et par la djemâa. Nous allons donner ci-après un extrait des articles des kanouns les plus caractéristiques.

KANOUN DE GHARDAÏA. — Le coupable à qui il a été infligé une amende et qui ne peut la payer, reçoit 10 coups de bâton pour chaque riel (2 fr. 50).

Tout individu qui sera convaincu d'avoir adressé la parole, dans la rue, à une femme, sera puni d'une amende de 62 fr. 50 et sera exilé pendant 2 ans.

Celui qui aura volontairement commis un meurtre, paiera 250 francs, recevra la bastonnade et sera banni du Mzab à perpétuité.

Celui qui sera convaincu d'avoir bu des liqueurs fermentées, paiera 62 fr. 50 et recevra, dans sa fraction (1), 80 coups de bâton.

La femme reconnue coupable d'adultère, sera condamnée à la bastonnade, qui lui sera donnée par son père, son frère, ou son plus proche parent. Ses parents pourront l'enfermer pour un laps de temps laissé à leur appréciation.

KANOUN D'EL-ATEUF. — Le coupeur de routes convaincu de vol ou de meurtre, sera condamné à la prison perpétuelle. Dans le cas où il serait impossible de l'incarcérer, il serait mis à mort.

Celui qui se rendra coupable de pillage, de vol ou d'adultère, qui fera usage de boissons fermentées, mangera de la viande ou du sang d'un animal non égorgé, de la chair de porc, de la chair humaine ou des choses immondes, recevra la bastonnade et le nombre des coups sera déterminé par la djemâa, qui pourra porter la peine jusqu'à 500 coups de bâton.

Celui qui résistera à la loi ou portera atteinte à la religion, sera puni de mort. S'il n'est pas possible de le tuer, il sera bâtonné indéfiniment (2).

Celui qui aura commerce charnel avec un jeune garçon, devra payer le montant de la dot d'une femme déflorée (veuve ou divorcée) et subir la bastonnade.

L'individu convaincu d'homicide volontaire, sera remis au plus proche parent de la victime, qui sera libre de le tuer, d'accepter la dia (prix du sang) ou de faire grâce au coupable. Dans ce dernier cas, la djemâa pourra incar-

(1) C'était l'oukil de la mosquée ou un des membres du chapitre qui donnait ordinairement la bastonnade.

(2) Cela veut dire que le nombre de coups était supérieur à 40 ; il était fixé d'après la gravité de la faute et la faculté de résistance physique du condamné. Lorsque le patient s'évanouissait, on suspendait la bastonnade pour la reprendre lorsqu'il était en état de la supporter.

cérer le coupable pendant plusieurs années et il sera bâtonné indéfiniment.

Tous les instruments de musique sont interdits, celui qui s'en servira sera puni de la bastonnade jusqu'à un maximum de 25 coups.

KANOUN DE MELIKA. — Tout individu qui, par paroles, propos, calomnies ou voies de fait, aura outragé les membres du chapitre ou les disciples, sera puni d'une amende de 4 fr. 20 et sera exilé pendant 2 ans à Alger ou à Tunis.

Sont interdits les réjouissances en musique et jeux divers, l'usage du henné, à l'occasion d'un mariage, d'une circoncision ou d'une naissance. Tout contrevenant, arabe ou autre, de condition libre ou servile, sera puni d'une amende de 3 francs et sera excommunié par les tolba. Sont punis des mêmes peines ceux qui tolèrent, dans leurs maisons, ces jeux et réjouissances.

KANOUN DE BENI-ISGUEN. — Tout individu n'appartenant pas à la secte ibadite, ne peut être propriétaire ni locataire dans la ville ou dans l'oasis. Si un étranger hérite d'un immeuble, cet immeuble est estimé par experts et on en donne la valeur.

Il est interdit à tout nomade, habitant sous la tente de s'installer dans la ville.

Comme on le voit, la législation du Mzab était draconienne pour tout ce qui touchait aux mœurs et à l'usage des aliments proscrits par la loi de Mohamet. Les mœurs des Mozabites sont relativement très pures, mais il ne faudrait pourtant pas avoir des idées exagérées à ce sujet; en dépit de toutes les législations, le diable ne perd jamais complètement ses droits. Ainsi, il arrive quelquefois que des femmes mozabites donnent des enfants à leur mari absent depuis plusieurs années. Il est vrai qu'on ne s'en étonne pas trop car, au Mzab comme dans tous les pays musulmans, les enfants ont le privilège de pouvoir dormir, même pendant des années, dans le sein de leur mère et les nouveaux-nés sont aussi fêtés que si leur naissance n'avait rien d'anormal.

Lorsque nous avons occupé le Mzab, nous avons trouvé des femmes publiques, en assez grand nombre, installées auprès de Ghardaïa, de Guerara et de Berrian ; il faut dire qu'elles étaient toutes Arabes, on ne cite que deux femmes de mauvaise vie originaires du Mzab et elles ne sont pas dans le pays.

Les kanouns proscrivent sévèrement la musique, mais dans les villes où l'élément laïque s'est dégagé de la tutelle du clergé, on ne tient plus compte de cette prohibition ; néanmoins les instruments de musique ne figurent jamais dans les cérémonies religieuses. A Beni-Isguen, où on a conservé toute l'austérité des anciens temps, les réjouissances avec musique ne sont pas tolérées et, lorsque des gens de cette ville veulent se donner ce divertissement à l'occasion d'un mariage ou d'une circoncision, ils sont obligés d'aller à Ghardaïa.

Les tolba évitent toujours soigneusement de paraître à ces fêtes, ainsi que les laïques qui tiennent à passer pour des pratiquants sérieux. Lorsqu'on fait remarquer à un Mozabite qui se pique de religion cette violation des kanouns, il répond invariablement : « Ce sont les Nègres qui font de la musique, nous ne nous en occupons pas. »

Le Mzab a su, comme nous l'avons dit, conserver, jusqu'à ces derniers temps, son indépendance ; mais ce n'est pas toujours par les armes qu'il s'est défendu contre les aventuriers, tels que le cherif Mohamed ben Abd Allah, le cherif Bou Choucha, qui surgissent de temps en temps dans le Sahara. Dans ces occasions, les Mozabites aiment mieux se laisser rançonner que de combattre. Ils ont payé des contributions aux deux cherifs que nous venons de nommer ; ils en ont payé aussi, en plusieurs circonstances, aux Oulad-Sidi-Chikh, depuis l'insurrection de 1864. Ils payaient autrefois un droit de protection aux Mekhalif-el-Djorb, aux Larba, aux Oulad-Nayls, moyennant lequel ces tribus laissaient circuler librement leurs caravanes et leur fournissaient des escortes.

Il ne faut pas trop s'étonner de voir des villes aussi peuplées que celles du Mzab, défendues par des fortifications imprenables pour des bandes arabes, faire aussi bon marché de leur amour-propre et subir les exigences du premier venu; obligés, pour les besoins de leur négoce, à envoyer des caravanes au loin, les Mozabites sont dans la nécessité de vivre en paix avec tout le monde, une petite troupe de bandits suffirait pour ruiner leur commerce. D'un autre côté, ils pourraient bien, derrière les murailles de leurs villes, braver toutes les attaques des Arabes, mais ils ne pourraient défendre efficacement leurs jardins et ils perdraient davantage, rien qu'en laissant leurs cultures privées d'arrosage pendant quelques jours, qu'en donnant ce qu'on exige d'eux. Les Mozabites sont calculateurs et ils préfèrent capituler que de recourir aux armes.

Il ne faut pas croire pour cela qu'ils soient dépourvus de tout courage ; ils savent se battre, mais seulement entre eux. Ils se vengent alors, les uns sur les autres, des humiliations qu'ils ont subies de la part des Arabes et ils montrent un acharnement qui va, parfois, jusqu'à la férocité. Nous en verrons plus loin des exemples.

Les villes du Mzab les plus exposées aux incursions ennemies ont pris autrefois à leur solde, pour les défendre, des fractions arabes qui ont fini par s'y implanter : à Ghardaïa il y a les Medabih, à Berrian les Oulad-Yahia, à Guerara les Atatcha ; elles comptent de 500 à 700 âmes dans chacune de ces villes. Ces Arabes habitent encore en partie sous la tente, mais ils se sont rendus propriétaires de maisons et de jardins et ils font partie intégrante de la confédération. Ces fractions agrégées sont appelées zaouïa, bien qu'elles n'aient aucun caractère religieux.

. Pris d'abord comme une aide contre les ennemis de l'extérieur, les Arabes agrégés n'ont pas tardé à se mêler aux luttes politiques intérieures des villes au sort desquelles ils s'étaient attachés ; chacun des partis qui se disputaient le pouvoir cherchant à les avoir de son côté, ils ont fini quelquefois, malgré leur petit nombre, par jouer un rôle prépondérant. Les Mozabites voudraient bien s'en débarrasser, maintenant qu'ils n'ont plus besoin d'eux, mais ils ne le peuvent plus.

Notons encore, comme Arabes étrangers, une quarantaine de familles de Chamba de Metlili qui se sont fixés à Melika.

Il y a aussi, à Ghardaïa, une population juive qui y a été accueillie, paraît-il, dès les premiers temps de la fondation de cette ville ; elle serait originaire de l'île de Djerba et aurait été amenée par un certain Ammi Saïd. Ces Juifs, qui comptent 740 âmes, habitent un quartier séparé de la ville; ils ont un puits à eux, et il leur est interdit de prendre l'eau ailleurs; ils ont leur synagogue et un cimetière séparé. Il leur était permis de voyager au dehors, mais il leur était interdit d'emmener leurs familles. Beaucoup de ces Israélites sont bijoutiers. Longtemps opprimée et maintenue dans une situation humiliante, cette population est dégradée et malpropre.

Bien qu'ils aient quelques traits de caractère communs avec les Juifs, les Mozabites les méprisent tout autant que le font les Arabes.

Il faut encore tenir compte, comme élément de la population du Mzab, des nègres esclaves ou affranchis qui se trouvent dans toutes les villes. Au moment de l'annexion, il y avait 327 esclaves et 961 nègres affranchis.

Nous n'avons commencé à nous préoccuper du Mzab

qu'après la prise et l'occupation définitive de Laghouat, c'est-à-dire depuis 1853 (1). Cette population pacifique de commerçants, qui n'avait aucune attache dans les tribus et mettait entre nos mains, dans nos villes, un grand nombre des siens, ne pouvait nous inspirer aucune crainte sérieuse ; aussi, le général Randon, gouverneur général de l'Algérie, fit-il savoir aux djemâas qu'il était disposé à laisser aux Beni-Mzab la faculté de voyager et de commercer librement dans toutes nos possessions algériennes, aux conditions suivantes : ils fermeraient leurs villes et leurs marchés à nos ennemis et les repousseraient par la force ; ils paieraient à la France un tribut annuel. Le général Randon promettait, en même temps, dans la lettre qu'il leur écrivait, que nous ne nous occuperions pas de leurs actes, tant qu'ils n'intéresseraient pas la tranquillité générale et les droits de nos nationaux et de nos tribus soumises.

Cette convention, datée du 24 janvier 1853, et qu'on a plus tard décorée du nom de traité du Mzab, fut acceptée par les djemâas, et, pendant 30 ans, elle a servi de base à nos relations avec ce pays.

Le tribut annuel, fixé d'abord à 45,000 francs, a été porté plus tard, avec les centimes additionnels et les centimes spéciaux, à 49,837 fr. 66.

Les Mozabites jouissaient donc, dans leurs villes, d'une indépendance complète, s'administrant, faisant leur police intérieure, et rendant la justice civile et criminelle comme ils l'entendaient ; s'ils avaient fait un bon usage de leur liberté, nous n'aurions jamais songé à la leur reprendre ; mais il n'en a pas été ainsi. Le Mzab devint un foyer de désordres et d'anarchie, et les partis en lutte y attiraient à eux nos tribus ; nos ennemis y trouvaient des vivres, des armes, de la poudre et même des

---

(1) Laghouat a été emporté d'assaut le 4 décembre 1852. Le cercle de Laghouat a été créé le 26 janvier 1853.

subsides, et les criminels un asile. La convention de 1853 ne paraissait plus engager que nous.

Dans un rapide aperçu, nous allons indiquer quelques-uns des faits qui nous ont contraints à soumettre le Mzab à la règle commune; cet aperçu fera d'ailleurs mieux connaître le petit peuple dont nous nous occupons et que nous n'avons encore examiné que par ses beaux côtés. Comme on le verra, si les tolba ont été assez puissants pour interdire le tabac et les boissons fermentées, ils n'ont pas aussi bien réussi à inspirer l'horreur du meurtre et du pillage.

Au mois de mars 1860, deux hommes attentent à la vie du chef de la djemâa de Guerara, Brahim Bouhoum, le blessent grièvement et tuent son frère; Brahim, encore tout couvert de sang, fait appel à la justice de la djemâa, qui condamne les coupables à mort et les fait fusiller.

L'année suivante, le parti de Brahim Bouhoum a le dessous ; dans la nuit du 9 au 10 septembre 1861, cet indigène est expulsé violemment de la ville, avec une fraction de la tribu arabe des Atatcha ; il a 5 des siens tués et les biens des expulsés sont confisqués.

Après deux ans d'exil, Brahim Bouhoum, ayant mis dans son parti les Chamba de Metlili, attaque Guerara de vive force, dans la nuit du 21 au 22 avril 1863, enlève l'enceinte et pénètre dans sa maison, dont il fait un réduit où il supporte toutes les attaques. La lutte dure 14 jours, Brahim gagne peu à peu du terrain, et, le 7 mai, il expulse tout le parti opposé et règne en maître. L'autorité française est obligée d'intervenir pour rétablir l'ordre. Cette lutte avait coûté la vie à 73 personnes.

Franchissant quelques années de calme relatif, nous retrouvons, en 1877, Brahim Bouhoum chef des Guerara. Le 4 avril, cet indigène rentrait chez lui du marché, quand il essuie le feu de huit hommes qui s'étaient embusqués sur son passage, et tombe mort.

Le 26 mai, la djemâa de Guerara arrive à Laghouat avec les meurtriers; nous n'avions pas à poursuivre ceux-ci, aux termes de la convention de 1853, et nous ne pouvions intervenir que comme conciliateurs. La djemâa décide qu'on paiera le prix du sang et que les coupables seront exilés à Ghardaïa. La députation se rendait dans cette ville, lorsque, à peu de distance de Ghardaïa, Kassi ben Bouhoum, frère de Brahim, tombe sur elle avec les Atatcha, et en fait un massacre général; 14 individus sans défense sont mis à mort. Kassi ben Bouhoum s'installe comme chef de la djemâa, et aucune répression n'est exercée. Voilà pour Guerara.

Le 23 février 1880, un conflit a lieu sur le marché de Beni-Isguen; 13 individus sont tués et 60 blessés.

Le 11 juin 1880, une centaine de Mozabites et d'Arabes font une brèche dans l'enceinte de Bou-Noura et pénètrent de vive force dans la ville, en balayant les rues à coups de fusil. Les agresseurs sont refoulés par un retour offensif, et une trentaine d'entre eux s'enferment dans la maison commune. On entasse dans la cour des fagots sur lesquels on verse du pétrole, et on y met le feu. Tous allaient périr, si les gens de Ghardaïa n'étaient arrivés à temps pour les sauver; il y avait eu 11 tués et un grand nombre de blessés.

Voyons maintenant les luttes qui ont eu lieu à Ghardaïa.

Dans la nuit du 16 au 17 septembre 1864, les gens de Melika, Bou-Noura, El-Ateuf, secondés par les Chamba et par une partie des Larba insurgés, attaquent Ghardaïa et pillent les maisons des gens qui ne veulent pas se rallier au parti des Oulad-Sidi-Chikh révoltés contre nous. Par la même occasion, ils pillent les maisons des Juifs, qui n'étaient pour rien dans l'affaire.

Dans la nuit du 14 au 15 janvier 1867, 800 individus marchent de Berrian sur Ghardaïa, appelés par un des partis qui s'y disputent le pouvoir, et entrent dans la ville par surprise. La lutte dure 3 jours, les maisons sont mises au pillage ; 38 individus faits prisonniers sont massacrés froidement sur la place du marché, à coups de couteau et de pioche ; on arrache les yeux aux victimes ; des enfants de 7 à 8 ans, des vieillards sont mis à mort. Dans ces affaires, il y eut 68 tués et de nombreux blessés.

Le 31 mai 1881, le chikh de la mosquée de Ghardaïa, El-Hadj Salah ben Kassi, disparaît tout à coup sans qu'on puisse le retrouver ; il a été assassiné, malgré le respect que devait inspirer son caractère religieux.

Cet assassinat, dont une fraction est accusée, cause une grande fermentation dans la ville. Dans la journée du 28 avril 1882, le sof auquel cette fraction appartient est attaqué à l'improviste, de propos délibéré, par l'autre sof, qui est beaucoup plus nombreux ; les agresseurs chassent leurs adversaires de la ville, les traquent à coups de fusil dans les jardins et livrent leurs maisons au pillage ; 9 individus sont tués et 10 blessés. Une des victimes est décapitée et on jette sa tête sanglante sur les genoux de sa mère, qui avait eu, pour son compte, une jambe cassée et les oreilles déchirées pour en arracher les bijoux ; cette pauvre femme meurt deux jours après de l'émotion qu'elle avait éprouvée.

Quelque temps auparavant, le 9 octobre 1881, le chef de la djemâa de Berrian, El-Hadj Brahim ben Djeriba, qui avait le tort énorme, aux yeux de ses administrés, de nous avoir toujours montré beaucoup de dévouement et de nous avoir livré, peu auparavant, un criminel dangereux, est assassiné en plein jour. C'était un vieillard de plus de 80 ans, renommé pour sa charité. Les coupables, qui avaient agi ouvertement, ne sont même pas inquiétés.

Ces deux derniers faits avaient épuisé notre patience, qui avait été mise souvent à de dures épreuves ; il était impossible de tolérer plus longtemps, à côté de nous, de pareilles atrocités ; d'ailleurs, les Mozabites n'avaient cessé de fournir, malgré nos observations réitérées, de grandes quantités d'armes et de poudre aux insurgés de la province d'Oran ; la contrebande de guerre était devenue une des branches les plus lucratives de leur commerce ; d'un autre côté, il n'était pas digne de notre civilisation de laisser la traite de noirs se continuer dans un petit pays enclavé au milieu de nos possessions. L'annexion du Mzab fut donc résolue et, dans le courant d'octobre 1882, toutes les mesures furent préparées pour la prise de possession de ce pays, et pour la création, auprès de Ghardaïa, d'un poste militaire destiné à assurer le fonctionnement régulier de l'administration et à maintenir dans le devoir tout le sud de la division d'Alger. Les événements de la province d'Oran nous avaient montré la nécessité de reporter plus au Sud nos points d'occupation.

Le 10 novembre, une colonne comptant 1,175 officiers, sous-officiers et soldats, 458 chevaux ou mulets, et emmenant tout ce qu'on avait pu réunir de maçons, carriers, forgerons, charpentiers, dans les troupes de la division, se mit en marche de Laghouat pour le Mzab, sous les ordres du général de la Tour d'Auvergne, commandant la subdivision de Médéa. Cette colonne arriva à Berrian, le 14, et à Ghardaïa, le 17 novembre.

La proclamation solennelle de l'annexion du Mzab à la France eut lieu le 30 novembre (1) et on donna, en même temps, l'investiture aux nouveaux chefs indigènes. Le même jour, on posa la première pierre du bordj, qui fut assis sur une croupe rocheuse, en face de Ghardaïa, dans une position qui met sous son canon toute

---

(1) Le rapport du ministre de la guerre et du ministre de l'intérieur, approuvé par le président de la République, qui consacre l'annexion et la création du nouveau cercle de Ghardaïa, est daté du 21 décembre 1882.

cette ville, celles de Melika et de Beni-Isguen et même,
par le tir indirect, celle de Bou-Noura.

Comme on l'avait prévu, l'annexion se fit sans la moin-
dre velléité de résistance ; seuls, les tolba, qui voyaient
dans l'annexion la fin de leur règne, firent de vaines pro-
testations. Tous les gens sensés avaient désiré cette prise
de possession qui, en échange de quelques charges, devait assurer l'ordre, la sécurité et une administration
régulière.

Les amendes collectives qui avaient été imposées par
le Gouverneur général, en raison des derniers événements, et qui s'élevaient à 20,000 francs pour Berrian et
à 60,000 francs pour Ghardaïa, furent recouvrées, sans
difficulté, en quelques jours. Elles devaient être affectées
à des travaux d'utilité publique dont profiterait le pays.

Les travaux de construction du bordj qui doit pouvoir
loger 13 officiers, 155 hommes et 55 chevaux, et contenir
les magasins, le bureau arabe, la recette des contributions diverses et les services auxiliaires, furent poussés
avec toute l'activité possible; mais les difficultés à vaincre étaient grandes. La pierre ne manquait pas, les
déblais devaient en fournir autant qu'on pouvait en avoir
besoin, on avait le sable dans l'Oued Mzab; ce qui faisait
défaut, c'étaient la chaux et l'eau. Les Mozabites avec
lesquels le Génie avait traité, ne pouvaient fournir que
3 mètres cubes de chaux par jour, à raison de 60 francs
le mètre; or, pour arriver à terminer, avant les chaleurs,
les 1,500 mètres de maçonnerie qu'on avait à bâtir, il
fallait 9 mètres de chaux par jour. On construisit deux
fours pour fabriquer journellement les 6 mètres qui man-
quaient et comme il n'y a pas de bois au Mzab et qu'il en
fallut 50 quintaux par jour, on dut faire couper tout le
retem du pays dans un rayon de 25 à 30 kilomètres et il
fallut réquisitionner jusqu'aux Chamba de Metlili et aux
tribus d'Ouargla pour l'apporter à raison de 4 francs le
quintal vert.

Pour avoir l'eau nécessaire pour les travaux, on construisit dans le futur bordj un bassin de 300 mètres cubes, devant servir plus tard de citerne, et on dut employer tous les mulets de la colonne pour y transporter, au moyen de tonnelets, l'eau des puits les plus rapprochés des chantiers (1).

Afin d'éviter le transport de lourdes charpentes et de donner plus de fraîcheur aux locaux, on avait décidé que tous seraient voûtés ; on n'avait donc besoin, comme bois d'œuvre, que des cintres destinés à soutenir les voûtes pendant leur construction.

Un puits fut en même temps entrepris dans l'intérieur du bordj ; on vient seulement d'y rencontrer l'eau, à la profondeur de 42 m. 50 ; le débit de ce puits n'est pas bien considérable, puisqu'il n'est que de 100 litres par heure ; mais il serait suffisant pour alimenter la garnison, en cas de blocus. L'eau est de médiocre qualité.

A la fin de décembre, on jugea inutile de conserver toute la colonne au Mzab, et on n'y maintint que deux compagnies du 1er de zouaves et deux compagnies du 2e bataillon d'infanterie légère d'Afrique, sous les ordres du chef de ce bataillon, le commandant Dugenne. La colonne partit le 2 janvier 1883, par la route de Guerara, et elle arriva le 15 janvier à Laghouat, où elle fut disloquée.

Le commandant Didier, du service des affaires indigènes, nommé commandant supérieur, avec un bureau arabe de 1re classe sous ses ordres, entra en fonctions dès le 30 novembre et commença l'organisation du pays.

Le nouveau cercle comprenait le Mzab, l'aghalik d'Ouargla, les Chamba de Metlili et les Chamba d'El-Goléa. Ces trois derniers groupes conservèrent leur ancienne organisation. Chaque ville du Mzab eut à sa tête un chef choisi par la population et auquel on donna le nom de raïs-el-djemâa. Une mehakma ibadite fut constituée

---

(1) Le service du Génie paie l'eau, pour les travaux de maçonnerie qui se font en ce moment, à raison de 4 fr. 25 le mètre cube rendu à pied d'œuvre.

dans chaque ville pour l'administration de la justice ; le chikh de la mosquée ou le kebir des iazzaben fut nommé président de la mehakma, et on lui donna pour assesseurs deux de ses iazzaben. Un medjelès composé d'un azzabi par ville, avec Ghardaïa comme siège, fut institué comme tribunal d'appel, avec recours devant les tribunaux français.

La force publique, mise à la disposition du bureau arabe, était composée, en outre d'un détachement de spahis, de 10 cavaliers à mehari, de 10 cavaliers à cheval et de 20 fantassins.

Les Israélites du Mzab n'ont pas été admis à jouir des droits du citoyen français ; le décret du 24 décembre 1870, qui a naturalisé en masse les Israélites d'Algérie, n'était pas applicable au Mzab, qui, à l'époque où il a été rendu, ne faisait pas partie de nos possessions. Ils ne sont pas électeurs, mais ils ne doivent pas le service militaire. Ils sont soumis au même régime que les étrangers d'origine européenne, c'est-à-dire qu'ils ne relèvent que des tribunaux civils. Le commandant supérieur du cercle a été investi, à leur intention, des fonctions de juge de paix.

On avait craint que l'abolition de l'esclavage, qui était la conséquence de l'annexion, n'amenât une crise économique, à cause des services que rendent les Nègres pour la culture et l'arrosage des jardins. Quelques Nègres se sont présentés à la colonne en demandant leur liberté ; mais, quand on leur eût dit qu'ils seraient obligés de chercher du travail pour vivre, ils sont retournés chez leurs anciens maîtres. Les esclaves du Mzab se sont transformés en domestiques à gages, sans aucune secousse ; il faut dire que les esclaves n'étaient pas maltraités au Mzab et qu'ils n'avaient trop à se plaindre de leur condition.

La ligne télégraphique de Laghouat à Ghardaïa, commencée le 17 novembre 1882, était livrée à l'exploitation le 5 mars 1883 et devenait immédiatement une des plus occupées de l'Algérie. Le bureau de poste et télégraphe fut installé dans une tour de l'enceinte fortifiée de la ville de Ghardaïa.

La recette des contributions diverses, avec caisse de réserve, s'installe en ce moment dans le bordj.

Un des premiers soins du général commandant la colonne du Mzab, avait été de faire entreprendre l'ouverture d'une route carrossable entre Laghouat et Ghardaïa ; les travaux ont été exécutés de Ghardaïa à l'Oued Settafa (distance 82 kilomèt.), sous la direction d'un officier du Génie, par des travailleurs militaires, dont les ateliers comptaient environ 100 hommes et par des prestataires mozabites, au nombre de 400 en moyenne, conduits et surveillés par deux officiers des affaires indigènes. Commencée le 1er décembre 1882, cette route a été livrée à la circulation le 20 mars 1883 ; quelques jours après elle était utilisée par le général commandant le 19e corps d'armée et le général commandant la division d'Alger, qui purent se rendre à Ghardaïa en voiture, en marchant aux allures vives. Cette route qui a 5 mètres de largeur, est très bien tracée ; elle a exigé, de la part des Mozabites, environ 30,000 journées de prestations en nature et 1,000 journées d'animaux, pour le transport de l'eau et des ravitaillements. La portion de l'Oued Settafa à Laghouat (distance 153 kilomètres) n'a exigé que peu de travaux ; il n'y a eu, pour ainsi dire, qu'à tracer la piste. La grosse difficulté à vaincre pour rendre la circulation facile, sur la route du Mzab, c'est de la doter de points d'eau.

Au moment de l'annexion on ne trouvait d'eau sur cette route, d'une manière assurée, qu'à Berrian ; les citernes en maçonnerie construites à Nili et à Tilr'emt (1) pour recueillir les eaux pluviales qui se réunissent au fond de ces dayas, sont à sec pendant la majeure partie de l'année. A Tilr'emt il y a bien, à côté de la citerne, un

---

(1) Nili est à 52 kilomèt. de Laghouat; Tilr'emt en est à 89 kilomèt.

puits d'une profondeur de 77 mètres, mais il ne fournit qu'une faible quantité d'eau.

Le 5 mars 1883, un atelier du 2ᵉ bataillon d'Afrique, sous le commandement d'un officier de ce bataillon, fut installé à l'Oued Settafa (1) pour y creuser un puits ordinaire à ciel ouvert. Les travaux rencontrèrent les plus grandes difficultés, car il fallait traverser un rocher très dur, dans lequel la poudre elle-même n'avait que peu d'effet, et où on n'avançait souvent que de quelques centimètres par 24 heures ; ils furent poursuivis nuit et jour sans interruption. Enfin, le 20 septembre, l'eau se montra à 48 mètres de profondeur et remonta, peu à peu, jusqu'à 6 mètres du fond. Le travail a été continué jusqu'à 50 mètres de profondeur et on a constaté que l'eau, d'excellente qualité, arrivait par trois sources, d'un débit total de 25 litres par minute (2).

Les nombreux troupeaux qui s'abreuvent maintenant à ce puits, n'arrivent pas à l'épuiser et on va s'en servir pour la création d'une pépinière de 12 hectares de superficie.

D'autres puits sont en cours d'exécution à côté des citernes de Nili et de Tilr'emt ; à l'Oued Our'irlou, à moitié distance entre Berrian et Ghardaïa et à Hassi-Rebib, entre El-Ateuf et Guerara.

Une route carrossable partant des Beni-Isguen, pour aller à Ouargla, a été entreprise le 23 avril 1883 au moyen de travailleurs militaires et de prestations ; elle a exigé des efforts considérables dans la première partie de son parcours ; il a fallu en effet l'entailler dans le roc, sur une longueur de 18 kilomètres, pour lui faire gravir les pentes qui conduisent de Beni-Isguen au plateau de Noumerat. Cette route a été achevée à la fin de novembre et, dès le mois de janvier 1884, elle était utilisée pour

---

(1) L'Oued Settafa est à 29 kilomètres de Tilr'emt et à 35 kilomètres de Berrian.

(2) Ce travail a coûté 4,800 fr. à la commune indigène de Laghouat.

le passage de prolonges lourdement chargées, qui trans-
portaient à Ouargla du matériel des sondages artésiens.
Elle a été parcourue en voiture, le mois dernier, par le
Gouverneur général, dans la grande tournée qu'il a faite
dans le sud des divisions d'Alger et de Constantine.

Dans le tracé de cette route, on a évité, autant que possible, les sables, tout en passant à proximité de l'Oued
Mzab, où on pourra trouver de l'eau. Il existe déjà des
points d'eau à Ogla-Noumerat et à Zelfana et des puits
seront creusés de manière qu'on ait de l'eau à chaque
gîte d'étape.

Une bifurcation de la route d'Ouargla, partant du plateau de Noumerat, conduit à Metlili ; cet embranchement
a été aussi suivi en voiture par le Gouverneur général.

Puisque nous parlons des travaux qui ont été entrepris dans le nouveau cercle, nous dirons un mot de la
pépinière qui a été créée à Ghardaïa.

Cette pépinière a une superficie de 3 h. 80 a. (1), elle
renferme 7 puits. On y a ménagé une canalisation analo-
gue à celle des jardins du Mzab. On y a planté des arbres
fruitiers et on y cultive des plantes qu'il y aurait intérêt
à acclimater au Mzab ; de plus on y a fait des semis
d'essences forestières qui seront utilisés pour des essais
de reboisement. Cette création, grâce aux soins intelli-
gents dont elle a été entourée, est en voie de prospérité,
malgré la sécheresse de l'été dernier, qui avait tari les
puits.

Les travaux de construction du bordj, suspendus au
mois de juin dernier, ont été repris au mois de novembre
et il y a lieu d'espérer qu'ils seront terminés cette année.

Les Mozabites ont pris aujourd'hui leur parti du nou-
vel état des choses ; s'ils ont perdu leur indépendance et

---

(1) Le terrain complanté de 75 palmiers a été acheté au prix de
10,915 fr. par la commune indigène de Laghouat.

si leur impôt, qui était très faible relativement à la production, a été triplé, ils y ont gagné de jouir maintenant d'une tranquillité parfaite, remplaçant l'anarchie qui régnait autrefois, et de rencontrer des facilités de toute nature pour leur commerce. Des travaux de sondages artésiens vont être entrepris pour tâcher de leur procurer l'eau qui leur fait défaut.

Disons, en terminant, que l'annexion du Mzab va sans doute nous permettre de découvrir des matériaux précieux pour l'histoire de l'Algérie. Les générations de tolba qui se sont succédé au Mzab, ont amassé des notes, des écrits, qui ont trouvé, dans les mosquées, un asile inviolable ; les tolba ne les montrent pas volontiers et ce ne sera que peu à peu qu'on pourra en obtenir communication. Déjà des copies de divers manuscrits de théologie, de jurisprudence et d'histoire ont pu être faites, et ont été remises à l'École supérieure des Lettres.

Alger, le 20 mars 1884.

ALGER. — TYPOGRAPHIE ADOLPHE JOURDAN.

www.ingramcontent.com/pod-product-compliance
Lightning Source LLC
LaVergne TN
LVHW022202080426
835511LV00008B/1520